¿Qué
Po.

¿Qué fue Pompeya?

Jim O'Connor
Ilustraciones de John Hinderliter

SANTILLANA USA

A Plinio, el primero en relatar los hechos relacionados
con la erupción del monte Vesubio.
J.O.C.

A Dee Dee, gracias por el amor y el apoyo.
J.H.

loqueleo

Título original: *What Was Pompeii?*
© Del texto: 2014, Jim O'Connor
© De las ilustraciones: 2014, John Hinderliter
© De la ilustración de portada: 2014, Fred Harper
Todos los derechos reservados.

Publicado en español con la autorización de Grosset & Dunlap, un sello de Penguin Young Readers Group, una división de Penguin Random House LLC

© De esta edición:
2016, Santillana USA Publishing Company, Inc.
2023 NW 84th Avenue
Miami, FL 33122, USA
www.santillanausa.com

Dirección editorial: Isabel C. Mendoza
Coordinación de montaje: Claudia Baca
Servicios editoriales de traducción por Cambridge BrickHouse, Inc.
www.cambridgebh.com

Loqueleo es un sello de **Santillana**. Estas son sus sedes:
ARGENTINA, BOLIVIA, BRASIL, CHILE, COLOMBIA, COSTA RICA, ECUADOR, EL SALVADOR, ESPAÑA, ESTADOS UNIDOS, GUATEMALA, MÉXICO, PANAMÁ, PARAGUAY, PERÚ, PORTUGAL, PUERTO RICO, REPÚBLICA DOMINICANA, URUGUAY Y VENEZUELA.

¿Qué fue Pompeya?
ISBN: 978-1-631-13408-1

Published in the United States of America
Printed in USA by Whitehall Printing Company

20 19 18 17 16   1 2 3 4 5 6 7 8 9 10

Índice

¿Qué fue Pompeya?

La mañana del 24 de agosto del año 79 d. C., los habitantes de la ciudad de Pompeya realizaban sus tareas cotidianas. Parecía ser un día como cualquier otro. Los comerciantes abrían sus tiendas. En el centro de la ciudad, algunas personas estaban reunidas en el Foro para discutir sobre política y hacer compras en el mercado. Otras rezaban a los dioses y diosas romanos en alguno de los numerosos templos que había en la localidad.

En otras partes de la ciudad, había gente dirigiéndose a los baños públicos y practicando deportes. En las afueras de Pompeya, los agricultores se ocupaban de sus campos. Cultivaban aceitunas y uvas, y cuidaban sus rebaños. La tierra alrededor de Pompeya era rica y fértil.

A unas cinco millas de la ciudad estaba el Vesubio. Parecía una montaña cualquiera, pero no lo era. Era un volcán. En Pompeya, nadie se preocupaba por el Vesubio. Hacía setecientos años que no hacía erupción. Sin embargo, durante las últimas semanas habían ocurrido unos pequeños sismos. Mucha gente llegó a sentir el temblor del suelo bajo sus pies.

Aun así, nadie en Pompeya esperaba que algo tan terrible pudiera suceder. Nadie imaginaba que los sismos eran una advertencia. El Vesubio estaba a punto de entrar en erupción. Y cuando lo hizo, temprano en la tarde del 24 de agosto, destruyó por

completo la ciudad de Pompeya. Al finalizar el día siguiente, Pompeya había desaparecido bajo sesenta pies de cenizas volcánicas. Parecía que la ciudad nunca había existido.

El Imperio Romano

Pompeya era una próspera ciudad portuaria ubicada en la desembocadura del río Sarno, en la bahía de Nápoles, y formaba parte del Imperio Romano. A finales del siglo I d. C., el vasto Imperio Romano se extendía desde Gran Bretaña, a través de Francia, Alemania, Italia y Grecia; hacia el este, por el mar Mediterráneo, hasta lo que hoy son Iraq, Israel y Egipto; y hacia el sur, hasta África del Norte. Roma era el centro del Imperio y la ciudad más importante. (Pompeya estaba ubicada 150 millas al sur de Roma). Una red de carreteras pavimentadas comunicaba las zonas periféricas con Roma. Las embarcaciones romanas iban y venían por el Mediterráneo llevando especias, ropa, vino, aceite de oliva y otras mercancías hacia todos los rincones del Imperio. El ejército y la armada romanos eran poderosos y mantenían el orden para que el emperador gobernara con poder absoluto.

Océano
Atlántic

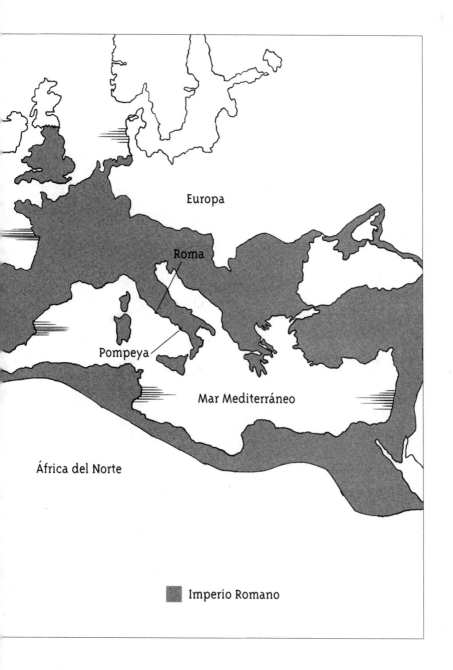

Europa

Roma

Pompeya

Mar Mediterráneo

África del Norte

Imperio Romano

Capítulo 1
El testigo

Aquel terrible día del año 79 d. C., un joven observó la erupción del Vesubio. Lo llamaban Plinio el Joven. (Su abuelo era conocido como Plinio el Viejo). Plinio se encontraba a salvo, lejos de Pompeya, en un pueblo que quedaba al otro lado de la bahía de Nápoles.

En unas cartas que escribió algunos años más tarde, describió todo lo que había visto. Los textos de Plinio son el único relato que existe de un testigo de la destrucción de Pompeya.

"...temprano en la tarde, una nube llamó la atención de mi madre por su inusual aspecto y tamaño... A esa distancia no se podía ver de qué montaña salía. (Luego se supo que era del Vesubio). La mejor manera de describir su aspecto es decir que era como un árbol pulpo, pues se elevaba en una suerte de tronco y luego se esparcía en el aire formando las ramas... Se extendía y se esfumaba gradualmente. En algunas partes se veía blanco, el resto, manchado y sucio".

La descripción de Plinio es precisa, aunque solo pudo observar lo que estaba sucediendo desde la distancia. No tenía forma de imaginar el efecto de la erupción en los habitantes de Pompeya. Aquellas personas deben haber pensado que era el fin del mundo. Cuando el Vesubio entró en erupción, lanzó una columna de ceniza negra y piedra granulada liviana llamada *piedra pómez*. La columna tenía unos 15,000 pies de altura (cerca de tres millas). El viento sopló las cenizas y las rocas hacia Pompeya; el cielo se tornó negro como boca de lobo. Los que estaban en su casa no tuvieron ninguna posibilidad de sobrevivir.

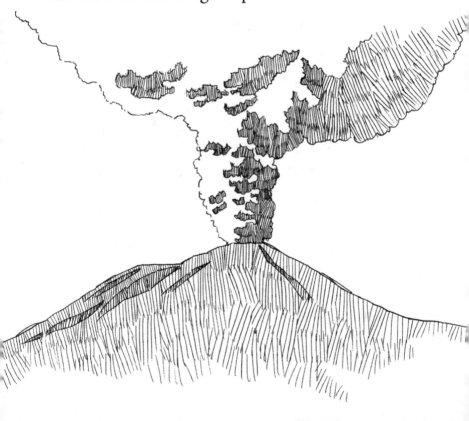

Fueron sepultados por las cenizas y las rocas. Las personas que consiguieron salir por las puertas de la ciudad tampoco sobrevivieron. Fueron atrapadas y sofocadas por el aluvión caliente. Antes de la erupción, había alrededor de 20,000 personas viviendo en Pompeya. Aproximadamente 2,000 murieron en la ciudad. Pero no hay manera de saber cuántas murieron intentando escapar. Las cenizas y las rocas continuaron cayendo durante dieciocho horas, capa sobre capa. Se apilaron poco a poco hasta que sesenta pies de ceniza cubrieron la ciudad. ¡Sesenta pies! ¡La altura de un edificio de cinco pisos! En poco tiempo, ya no había rastro de Pompeya.

Mapa de Pompeya

Este mapa muestra dónde se ubicaban las calles importantes, las casas famosas, los edificios públicos y los principales templos. Pompeya estaba rodeada por una muralla de piedra que protegía la ciudad de sus enemigos. Solo se podía entrar y salir de Pompeya a través de una de las puertas de la muralla.

Capítulo 2
¿Qué es un volcán?

Desde lejos, un volcán se parece mucho a una montaña normal. Sin embargo, cuando un volcán entra en erupción emana por la parte superior un líquido caliente de color rojo llamado lava, y libera cenizas y gases tóxicos. La lava fluye hacia abajo destruyendo todo a su paso. En el Vesubio, en el año 79 d. C., la lava se endurecía en el aire formando rocas duras que caían en forma de lluvia sobre los habitantes de Pompeya.

Si escalaras el Vesubio, verías inmediatamente que, como todos los volcanes, tiene un gran agujero en la cima. ¿Cómo se formó ese agujero?

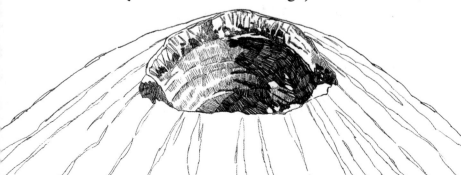

La capa superior de la Tierra se denomina corteza y está formada por inmensas placas que se mueven y flotan sobre roca derretida y muy caliente.

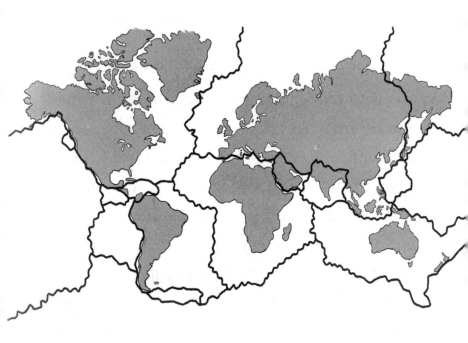

Cuando la roca derretida encuentra una grieta entre las placas, sube y sube a borbotones por un tubo que se forma y explota hacia afuera formando una gran perforación. Esta perforación es el cráter. Una vez que la roca derretida es expulsada a través del cráter se la denomina lava. La lava se enfría y endurece, creando una colina alrededor del cráter. Con cada erupción de lava del Vesubio la colina se fue haciendo cada vez más grande y más alta.

Existen tres tipos de volcanes. Los volcanes activos entran en erupción regularmente. El Kilauea, ubicado en Hawái, ha estado haciendo erupción durante los últimos treinta años. El Mauna Lao, también en Hawái, es el volcán más grande, incluso es más alto que el monte Everest. En la Tierra existen aproximadamente 1,500 volcanes activos. (Algunos están bajo el agua de los océanos). Los volcanes durmientes son aquellos que no han hecho erupción en los últimos 10,000 años. (*Durmiente* significa "dormido"). Sin embargo, los científicos aún detectan actividad en el interior de esos volcanes, lo que indica que podrían volver a entrar en erupción en algún momento.

El Yellowstone, en Wyoming, es un volcán durmiente. Los volcanes extintos ya no están activos, y los científicos estiman que es muy poco probable que vuelvan a hacer erupción. El castillo de Edimburgo, en Escocia, está ubicado en la cima de un volcán extinguido.

La erupción del Vesubio fue muy destructiva: causó la muerte de al menos 2,000 personas. Pero otras erupciones han sido aún más letales. En 1883, el Krakatoa entró en erupción y causó la muerte de 40,000 personas en Indonesia. La última vez que el Vesubio entró en erupción fue en 1944. Pompeya no sufrió daños. Actualmente, los viñedos crecen con éxito en la tierra volcánica fértil de las laderas del Vesubio.

Los volcanes más activos del mundo

El volcán Etna, en Sicilia, ha estado en erupción continua durante 3,500 años. Es el volcán más grande de Europa.

El Stromboli, situado en una isla frente a las costas de Italia, ha estado en erupción continua durante los últimos 2,000 años. Esto lo convierte en el segundo volcán más activo. Al principio, el Stromboli estaba bajo el mar, pero luego de varias erupciones, se transformó en una isla.

Lago Spiri

Bosque arrasado

El monte Yasur, situado en la isla Vanuatu en el Pacífico Sur, ocupa el tercer lugar entre los volcanes más activos. Ha estado en erupción continua durante 800 años.

Luego le siguen el Santa María, en Guatemala (América Central); y el Piton de la Fournaise, en la isla Reunión, al oeste del océano Índico.

El monte Santa Helena, situado en el estado de Washington, es el segundo volcán más activo de Estados Unidos des-

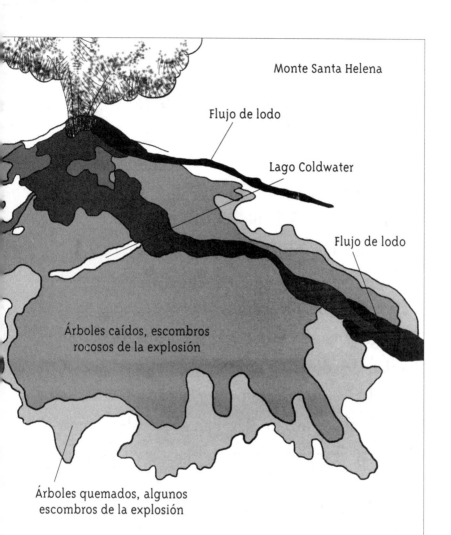

Monte Santa Helena

Flujo de lodo

Lago Coldwater

Flujo de lodo

Árboles caídos, escombros rocosos de la explosión

Árboles quemados, algunos escombros de la explosión

pués del Kilauea, en Hawái. La erupción de 1980 sepultó 200 millas cuadradas de árboles y causó la muerte de 57 personas.

Capítulo 3
Una ciudad sepultada

Algunas personas consiguieron escapar de la destrucción del Vesubio. Si regresaron a Pompeya luego, no fue para reconstruir sus casas. Eso no era posible. La Pompeya que habían conocido había desaparecido para siempre. Los sobrevivientes regresaban en busca de los objetos de valor que habían dejado en el apuro por escapar. Excavaban entre las cenizas volcánicas y hacían túneles hasta llegar a sus casas. Se llevaban materiales, como el bronce y el mármol, que podrían servir luego para construir su nuevo hogar en otra parte.

Pero también llegaban saqueadores ávidos de robar cualquier objeto de valor que pudiera ser desenterrado. Ellos también cavaban túneles hasta las casas. Cavar túneles, sin embargo, era muy peligroso. Los túneles a menudo se derrumbaban,

y quienes estaban abajo morían. Luego de un tiempo, aquella parte de la ciudad sepultada fue abandonada. Tanto los sobrevivientes como sus hijos desaparecieron poco a poco. Los saqueadores dejaron de ir. Finalmente, no quedó nadie que recordara la ciudad o cómo había sido la vida allí. Pompeya ya no era considerada un lugar real. Se convirtió en un mito: una ciudad que había desaparecido. Con el paso del tiempo, las capas de ceniza volcánica se convirtieron en tierra, tierra fértil, ideal para el cultivo. Entonces, la tierra que se extendía sobre la ciudad perdida, nuevamente se cubrió de granjas y viñedos. Comenzaron a llamarla *Civitas*, que significa "ciudad". La gente vivía y cultivaba sobre las viejas ruinas, aunque sin saberlo.

Plinio y sus cartas

Plinio el Joven se convirtió en abogado, funcionario del gobierno y escritor. Vivió en Italia y murió en Turquía en el año 113 d. C. Le encantaba escribir cartas; escribió cientos de ellas, incluyendo las que hablaban sobre la destrucción de Pompeya. Casi todas sus cartas trataban de su trabajo como funcionario, juez y diplomático. Las dos cartas sobre Pompeya fueron ignoradas o pasadas por alto durante más de 1,500 años. Alrededor del año 1600, las cartas fueron finalmente encontradas. Hasta entonces, no había manera de saber lo que había ocurrido aquel fatídico día de agosto del año 79 d. C.

Capítulo 4
Los descubrimientos

En 1599, los trabajadores que cavaban un túnel debajo de Civitas encontraron algo muy sorprendente: paredes con dibujos pintados y trozos de mármol. La persona a cargo de la excavación creyó que tal vez eran las ruinas de una antigua casa romana. Pero nadie se molestó en seguir investigando.

Más de cien años después, en 1748, un ingeniero llamado Rocque Joaquín de Alcubierre llegó al lugar con un equipo de veinticuatro hombres. El rey de Nápoles estaba construyendo un museo y deseaba llenarlo con tesoros de la antigua Roma.

No muy lejos de Civitas, Alcubierre y sus hombres habían encontrado algunos tesoros. Pero todo estaba cubierto por una roca dura como el cemento. Era muy difícil desenterrar cualquier cosa. Por eso, Alcubierre decidió probar en Civitas, donde las

capas de ceniza y piedra pómez permitían excavar con mayor facilidad. A pesar de que Alcubierre estaba desilusionado por las pocas cosas que habían descubierto, dejó un pequeño grupo para que continuara excavando. En 1750, un joven ingeniero entró a formar parte del equipo de Civitas. Su nombre era Karl Weber.

Alcubierre había utilizado medios toscos para desenterrar objetos. Con frecuencia, utilizaba explosivos. Además, no llevaba registros de lo que encontraba ni de dónde lo había encontrado. Weber era diferente. Él consideraba que la historia debía mantenerse intacta bajo sus pies. La excavación debía realizarse con mucho cuidado, capa por capa, comenzando desde arriba y descendiendo poco a poco. Además, él mantenía registros de dónde y cuándo se había encontrado cada objeto. Actualmente, los métodos de Weber siguen siendo utilizados por los arqueólogos. (Los arqueólogos son científicos que estudian objetos del pasado para aprender sobre las personas y la cultura de una época determinada).

Karl Weber comenzó a supervisar las excavaciones de Civitas. Pasaron cinco años antes de que se produjera un descubrimiento importante. Sus hombres desenterraron una enorme casa. La llamaron "La casa de Julia Félix". ¡Ocupaba una manzana entera!

En 1763, Weber realizó dos nuevos descubrimientos importantes en Pompeya: la Puerta de Herculano y la Vía de las Tumbas o Calle de las Tumbas. En aquella época, también ubicó una casa importante en un pueblo cercano a Roma: la Villa de los Papiros.

Hasta entonces el rey de Nápoles no había mostrado interés en la excavación en Civitas. ¡Pero ahora sí! Le ordenó a Weber que continuara, y su trabajo cuidadoso finalmente dio sus frutos. Poco a poco, excavando entre las cenizas volcánicas, se descubrieron los restos de una antigua ciudad romana. Había dos calles principales que se cruzaban. Los arqueólogos las llamaron *Vía dell'Abbondanza* ("Calle de la Abundancia" en italiano) y *Via Stabiana*, que avanzaba en dirección a un pueblo cercano llamado *Stabia* (Estabia).

En la Calle de la Abundancia se encontraban las ruinas de muchas casas, tiendas y restaurantes. De la Calle de la Abundancia surgían numerosas calles laterales, también llenas de casas y tiendas, que formaban cuadrículas ordenadas. Evidentemente, esta había sido una ciudad muy próspera.

La excavación continuó durante años. Luego, en 1763, se descubrió una inscripción que rezaba *"Rei publicae Pompeianorum"*. En latín, el idioma

de los antiguos romanos, estas palabras significan "Comunidad Autónoma de Pompeya". Este hallazgo identificaba claramente el lugar como Pompeya. Weber y sus hombres no estaban desenterrando una ciudad cualquiera de antiguos tiempos romanos. ¡Habían descubierto Pompeya, la ciudad destruida por el Vesubio!

Capítulo 5
Más descubrimientos

Karl Weber murió repentinamente en 1764 y fue sustituido por Francesco La Vega. Bajo su dirección, fueron apareciendo más y más rincones de Pompeya. El descubrimiento de un templo romano, en 1764, hizo famoso a La Vega. Era el templo romano más completo jamás encontrado. Nunca había sido saqueado, por lo que conservaba todos sus muebles y algunos frescos espectaculares: pinturas realizadas directamente sobre las paredes.

En Pompeya, los lugares de oración más grandes eran el Templo de Apolo, el Templo de Venus y el Templo de Júpiter. El pueblo de Pompeya creía que Venus era su protectora. ¿Habrán pensado que Venus los había abandonado el día en que el Vesubio entró en erupción?

Templo de Isis

Los dioses y las diosas

En Pompeya había muchos templos donde el pueblo podía acudir para adorar a los diferentes dioses y diosas romanos. En sus casas también tenían pequeños santuarios donde oraban en privado. Los dioses romanos más poderosos eran como héroes. Si los seres humanos comunes hacían algo que los disgustara, los dioses los castigaban inmediatamente.

Juno   Vulcano   Júpiter

Júpiter era el rey de los dioses. Su esposa era Juno. Tuvieron muchos hijos que también fueron dioses. Marte era conocido como el dios de la guerra; Neptuno era el dios del mar; Venus era la diosa del amor; Apolo era el dios del sol; y Minerva era la diosa de la luna. Vulcano era el dios del fuego. La palabra *volcán* viene de Vulcano.

En 1860, Giuseppe Fiorelli fue nombrado director de excavaciones de Pompeya.

Fiorelli había estado trabajando en el sitio durante veinte años. Él, más que nadie, ayudó a revelar la ciudad de Pompeya que los visitantes pueden ver hoy. Lo primero que hizo como director fue quitar la tierra y los escombros que los equipos de excavación anteriores habían dejado en las calles de Pompeya. Una vez finalizada esa tarea, pudo verse claramente la distribución de Pompeya. Los visitantes podían hacerse una idea de cómo había sido la ciudad antes de que el Vesubio entrara en erupción. Fiorelli también diseñó un mapa de la ciudad y creó un sistema que permitía identificar el lugar preciso de cada casa y cada tienda.

Hasta ese momento, dos tercios de Pompeya, 15,000 edificaciones distribuidas a lo largo de 110 acres, habían sido descubiertas. Fiorelli estaba convencido de que los objetos encontrados debían permanecer *in situ*. Eso significaba dejarlos en el

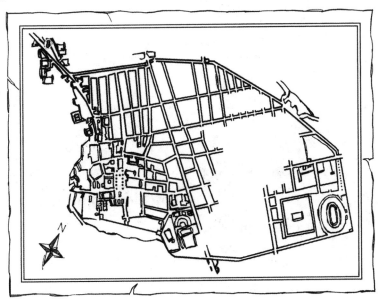

mismo lugar en que habían sido encontrados. No permitiría que los frescos, las estatuas, los mosaicos, o cualquier otra cosa de valor fueran llevados a otro lugar o vendidos. Abrió el lugar para todo aquel que pudiera pagar una modesta cantidad por entrar. Anteriormente, solamente los ricos y poderosos podían ingresar a Pompeya.

El dinero recaudado con las entradas servía para pagarles a los guardias que cuidaban el lugar y

evitaban los robos. Fiorelli también fue quien ideó las exhibiciones más polémicas pero, a la vez, más fascinantes de Pompeya: él realizó los primeros moldes de yeso de las víctimas atrapadas en el momento en que murieron. Las víctimas quedaron inmediatamente enterradas bajo las cenizas que llovían del Vesubio. Las cenizas se endurecieron alrededor de sus cuerpos. Los cuerpos se desintegraron con el tiempo, hasta quedar solo una pila de huesos. Sin embargo, la forma original del cuerpo dejó una marca hueca dentro de las cenizas petrificadas.

Tan pronto como encontraban algo parecido a la forma de un cuerpo, los trabajadores de Fiorelli dejaban de excavar. Hacían una perforación dentro de la cavidad hueca. Luego, vertían yeso de París y esperaban a que endureciera. Lo que el yeso reproducía eran réplicas increíblemente exactas y reales de los cuerpos de las víctimas del volcán. Se encontraron familias enteras tratando de escapar. Un hombre intentando tirar un manto sobre su esposa para protegerla. Sus hijos y sus sirvientes yacían cerca. Al mirar los moldes, se pueden apreciar fácilmente los más mínimos detalles, como el corte de pelo o el tipo de sandalias que llevaban puestas.

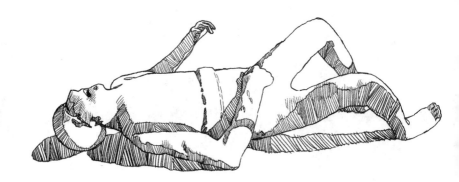

Uno de los moldes más
famosos es el de un perro
atado a una estaca con
una cadena. No
pudo escapar,
entonces quedó
contorsionado,
tratando deses-
peradamente de
romper la cadena con los dientes.

Capítulo 6
El comercio en Pompeya

Pompeya tenía una comunidad comercial pujante. Existía todo tipo de oficios. Había herreros, joyeros, fabricantes de sandalias, fabricantes de botas, barberos, dentistas, tejedores y panaderos. De hecho, había alrededor de treinta panaderías

funcionando en la ciu-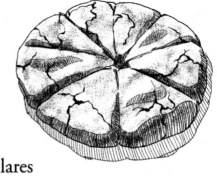
dad. La mayoría de
ellas tenían su propio
molino para moler los
granos de trigo. Tenían
hornos de ladrillo, similares
a los hornos para pizza. Las panaderías más grandes
tenían unos hornos enormes. ¡Un horno fue desenterrado y tenía 81 hogazas de pan en su interior! Las
hogazas eran grandes y estaban marcadas en ocho
partes para cortarlas fácilmente.

¿Por qué se necesitaban tantas panaderías? Porque solo los ricos tenían cocina en su casa. Los
pobres llevaban la masa a la panadería y regresaban
más tarde a recoger el pan ya horneado y llevár-
selo a casa. Los habitantes de Pompeya disfrutaban
tomando vino hecho con las uvas de los viñedos de
los alrededores.

Había numerosas tabernas en la ciudad, como también pequeños restaurantes y posadas para los viajeros. Las tabernas generalmente eran

diminutas: solo un par de habitaciones pequeñas con salida a la calle. La comida se servía de unas vasijas de arcilla grandes ubicadas en un mostrador. Dentro de una taberna se desenterraron platos y vasijas con comida, así como también una pava que contenía una mezcla de vino y agua que se estaba calentando cuando el volcán entró en erupción. (A la mayoría de la gente de Pompeya les gustaba tomar el vino tibio). La carne, las verduras y las frutas

eran sazonadas con una famosa salsa de pescado llamada *garum*, que también se usaba como medicina. El *garum* estaba hecho con intestinos de pescado fermentados y tenía un olor fuerte y nauseabundo. Suena desagradable, pero la preparación del mismo era muy rentable. En la época de la erupción, un hombre llamado Scaurus preparaba el mejor *garum* en toda la ciudad de Pompeya. Scaurus se hizo rico preparándolo. Vivía en una casa grande y lujosa, fuera de las murallas de la ciudad. Cuando se desenterró su casa, se encontraron cuatro grandes mosaicos de color blanco y negro en el vestíbulo. (Los mosaicos son cuadros hechos con pequeños pedazos de vidrio o arcilla de colores).

Los mosaicos representaban vasijas con el famoso *garum* de Scaurus. Naturalmente, Scaurus estaba orgulloso de su producto, que se exportaba a todo el Imperio. Hasta en Francia se han encontrado algunas vasijas con etiquetas que dicen: "Finísima salsa de caballa Scaurus". Scaurus también fabricaba *garum kosher* para los clientes judíos.

El hallazgo de *garum* kosher revela que había judíos en Pompeya durante el primer siglo d. C. No se han descubierto templos judíos, por lo que se cree que eran pocos. En la época de la erupción, el cristianismo se estaba expandiendo hacia algunas partes del Imperio Romano. Sin embargo, hasta ahora no se ha hallado evidencia de que hayan vivido cristianos en

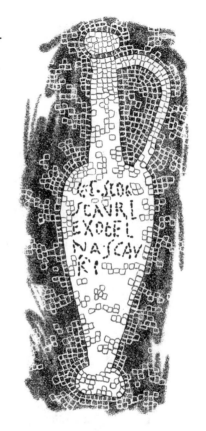

Pompeya. Otro gran negocio en Pompeya era conocido como *fulling* ("batán"). Estas tiendas tomaban telas crudas, las limpiaban, las teñían y las suavizaban hasta que quedaban listas para fabricar togas y túnicas. Las tiendas de los bataneros funcionaban también como lavaderos para los habitantes de la ciudad.

La moda en Pompeya

Siempre imaginamos a los antiguos romanos vistiendo togas. Pero la verdad es que no todos estaban autorizados a ponérselas. Las togas solo podían ser usadas por los hombres. La mayoría de las togas eran totalmente blancas, pero los hombres importantes del gobierno llevaban rayas en sus togas. Los esclavos y los libertos (esclavos liberados) usaban túnicas de lana cortas. Las túnicas eran más cómodas y permitían moverse con mayor facilidad, lo que era conveniente para los comerciantes muy trabajadores o los soldados.

Las mujeres usaban unas túnicas largas llamadas *estolas*, y a veces llevaban dos, una debajo de la otra. Estaban fabricadas con lana o lino, aunque las mujeres más ricas debían tener ropa fabricada con la seda que venía de China. Los niños usaban la misma ropa que sus padres, aunque en tallas más pequeñas, por supuesto. Cuando hacía frío o llovía, se usaban mantos de lana pesados. Muchas de las víctimas preservadas en yeso en Pompeya llevan capas, probablemente para protegerse de la ceniza y la piedra pómez que caían.

A los pompeyanos ricos les encantaba usar joyas, así que los expertos en trabajar metales podían ganar mucho dinero si tenían talento para fabricarlas. Los hombres eran más sencillos, llevaban un anillo o posiblemente dos. A las mujeres, sin embargo, les gustaba usar muchas joyas: pulseras, anillos, pendientes, collares y prendedores para sujetar sus mantos. Algunas pulseras y collares tenían el diseño de una serpiente enroscada. Las joyas más costosas eran las de oro, generalmente decoradas con piedras preciosas.

A los muchachos se les regalaba un medallón llamado *bulla* cuando cumplían nueve años. La *bulla* significaba que habían nacido libres. Un niño llevaba su *bulla* hasta los dieciséis años. Las niñas usaban medallones llamados *lúnulas* hasta la noche anterior al día de su casamiento. Para quien tenía dinero, había productos verdaderamente maravillosos a la venta en Pompeya: lanas suaves, joyas hermosas, sandalias finas y cremas para la piel con fragancias agradables. Como imaginarás, la vida cotidiana era muy diferente si no tenías dinero y tenías que sobrevivir ganando solo lo justo para comer.

Capítulo 7
Ricos y pobres, todos juntos

En Pompeya, la mayoría de las edificaciones tenían como máximo dos pisos, y las casas y tiendas estaban construidas una al lado de la otra, en bloques. A pesar de que muchas de ellas perdieron el techo o el segundo piso durante la erupción, no existe otro lugar donde las casas de la Roma antigua se conserven mejor.

Como todas las ciudades del Imperio Romano, Pompeya tenía serios problemas con la delincuencia. No había iluminación en las calles, entonces era peligroso andar caminando afuera durante la noche. Y aunque estaban las cortes en el Foro, parece no haber existido ninguna fuerza policial. Debido al alto índice de delincuencia, la mayoría de las casas solo tenían ventanas pequeñas y ubicadas a gran altura. Esto desalentaba a los intrusos. Las ven-

tanas grandes que daban a la calle tenían rejas de
bronce o madera. Cuando caía el sol, los dueños
de casa cerraban sus puertas con llave, y los comerciantes cerraban sus tiendas.

En Pompeya, los ricos y los pobres vivían en casas contiguas en la misma manzana, y a veces hasta
en el mismo edificio. Pero, mientras que los pobres
tenían que arreglárselas con un cuarto pequeño y

sofocante para toda la familia, los pompeyanos ricos construían casas grandes y lujosas donde se daban una vida muy placentera.

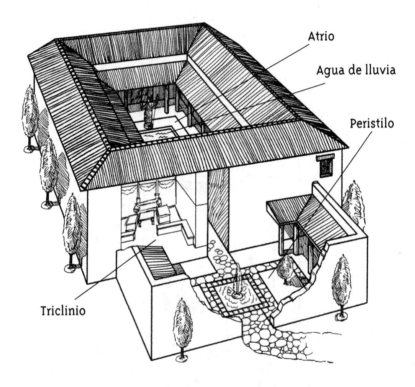

Atrio

Agua de lluvia

Peristilo

Triclinio

La casa romana ideal tenía una distribución muy específica. Un vestíbulo daba a un patio abierto llamado *atrio*. Los romanos más ricos usaban sus casas para realizar transacciones comerciales. Los clientes esperaban en el atrio a ser atendidos por el dueño.

En el centro del atrio había una pileta de poca profundidad que se utilizaba para recolectar el agua de lluvia que entraba por un agujero en el techo. Esa agua se usaba para cocinar y asearse. Detrás del atrio había una habitación grande con techo, donde el dueño de la casa se reunía con las visitas para hablar de negocios. Las habitaciones normalmente estaban ubicadas fuera del atrio. Eran pequeñas y normalmente no tenían ventanas. El baño era a menudo una habitación con un agujero en el piso y nada más. Solo las casas grandes tenían su propio lugar para bañarse.

Más atrás, había un jardín cerrado o *peristilo*. Varios de ellos tenían fuentes y comedores al aire libre. En las casas más grandes también había un comedor interior llamado *triclinio*. Las personas adineradas disfrutaban cenas sofisticadas con variadas comidas y mucho vino. ¡Uno de los platos favoritos era el lirón cocido en miel y espolvoreado con semillas de amapola!

En sus comedores exquisitamente decorados, los dueños de la casa y los invitados se reclinaban sobre unos sillones o bancos incorporados a la mesa mientras comían. En cada banco podían sentarse tres personas. No utilizaban tenedores para comer; comían con las manos. Por eso se lavaban las manos muchas veces durante la cena, que normalmente duraba varias horas.

Los pompeyanos ricos decoraban las paredes de las habitaciones con frescos muy lujosos. La mayoría estaban pintados con colores brillantes: azules, verdes y un rojo intenso que aún hoy se llama "rojo pompeyano".

El fresco es una técnica de pintura de murales que se realiza sobre una capa húmeda de yeso de cal. Una vez que la pintura y el cemento se secan, la pintura queda fija sobre la pared. Se utiliza la palabra *fresco* para designar la técnica porque el pintor debe trabajar muy rápido antes de que el yeso fresco se seque. Los frescos generalmente mostraban imágenes de los dioses y las diosas. Algunos simulaban la vista de una ventana abierta hacia el campo. Y a veces los frescos se pintaban en el lado interno de la pared de un jardín para que el jardín pareciera más grande de lo que realmente era.

Las casas de los ricos también tenían mosaicos, que son cuadros realizados con pedacitos de vidrio o piedra de colores, conocidos como *tesserae*. Los pedacitos de vidrio o piedra son colocados dentro del yeso para formar un diseño o escena. En Pompeya se encontraron bellísimos y sofisticados mosaicos, tanto en el piso como en las paredes de los templos y las casas.

El mosaico más famoso encontrado en Pompeya es el Mosaico de Alejandro, que originalmente estaba en el piso de la Casa del Fauno. Actualmente, se exhibe en un museo de Nápoles, mientras que en Pompeya hay una réplica. Mide diecinueve pies de largo y diez pies y tres pulgadas de ancho, y muestra al héroe y rey griego Alejandro Magno venciendo a Darío, rey de Persia, a quien se puede ver conduciendo un carruaje. ¡El cuadro tiene más de un millón y medio de piezas!

La mayoría de los mosaicos de Pompeya eran mucho más pequeños y, normalmente, con diseños mucho más sencillos. En las casas, solía haber un mosaico en la puerta de entrada con la imagen de un perro malo y las palabras "Cave Canem" ('Cuidado con el perro') debajo. Era una forma de alertar a los ladrones, ¡hubiera o no un perro en la casa!

Las casas pompeyanas no tenían muchos muebles: solamente unas camas, un par de sillas de madera, armarios, mesas y sillones.

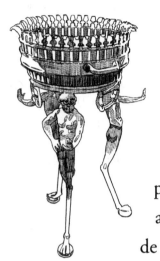

Los únicos accesorios que sobrevivieron la erupción en Pompeya fueron los objetos de bronce y piedra. También sobrevivieron muchas lámparas de querosén. La mayoría de los pompeyanos usaban lámparas de arcilla. Los ricos tenían lámparas de bronce más sofisticadas y calentadores de bronce llamados *braziers*. Los pompeyanos más adinerados no cocinaban ni limpiaban sus casas ni escardaban sus jardines. Eso lo hacían los esclavos.

La esclavitud era común en Pompeya. Generalmente, los esclavos eran traídos de los países conquistados. Un esclavo podía comprar o ganar su libertad. Si eso ocurría, tanto él como sus descendientes eran llamados *libertos*. Tenían los mismos derechos que los ciudadanos del Imperio Romano, excepto en una cosa: no podían ocupar cargos públicos. La mayoría de los negocios exitosos de Pompeya pertenecían a los libertos.

La vida de los pobres era muy diferente a la de sus vecinos ricos. Algunos tenían tiendas modestas en locales alquilados. La mayoría de las tiendas eran pequeñísimas. Tenían tan solo dos habitaciones. La habitación delantera era para el negocio. El dueño y su familia vivían amontonados en la habitación oscura y sofocante de atrás.

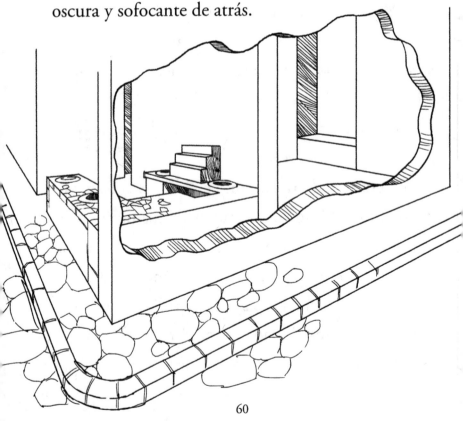

Los pobres no tenían cocina ni cuarto de baño. Como no podían cocinar, compraban en las tiendas de comida (que eran como bares al paso). Podían comprar guiso, queso, frijoles o pescado. La comida se mantenía caliente en vasijas de cerámica ubicadas en los mostradores de las tiendas.

Los pompeyanos podían comer en la tienda o llevar la comida a casa para compartirla con su familia.

Toda la basura se tiraba en la calle, incluso los desechos humanos. La mayoría de las calles no tenían alcantarillas, por lo que la basura quedaba allí, pudriéndose y oliendo muy mal.

La parte central de las calles estaba elevada para que las fuertes lluvias llevaran todo hacia el drenaje de tormentas.

Las calles de Pompeya también tenían caminos de piedra elevados por los cuales se podía cruzar sin pisar la basura. Cuando los pompeyanos más adinerados salían, se ponían zapatos o botas para proteger sus pies de las inmundicias y la basura que había en las calles y aceras. Sus sirvientes o esclavos iban detrás llevándoles sus sandalias. Cuando llegaban a su destino, se las ponían.

Capítulo 8
Los lugares públicos

El clima en el sur de Italia es soleado y cálido la mayor parte del año, por eso los pompeyanos pasaban mucho tiempo al aire libre. Cuando no estaban en su casa o en su trabajo, los ciudadanos se reunían en lugares públicos, como el Foro, los dos teatros, el anfiteatro, los numerosos templos que había por toda la ciudad o los baños públicos.

El corazón de Pompeya era el Foro, un conjunto de edificios alrededor de un espacio rectangular abierto. Este mide aproximadamente quinientos pies de largo y ciento cincuenta pies de ancho, y es la parte más antigua de Pompeya. Rodeado por al menos cuarenta estatuas de dioses, héroes militares y emperadores, el Foro tenía muchos propósitos. Los agricultores vendían allí sus mercancías en el mercado semanal. Los días de calor, los maestros traían a sus alumnos y dictaban clases a la sombra de la columnata alta que rodeaba el Foro por tres de sus lados.

La gente también iba a orar a los templos: el templo de Apolo y el templo de Júpiter, Juno y Minerva. Otro edificio, llamado la Basílica, albergaba los tribunales de justicia. En ese lugar, los magistrados (jueces) oían los casos y emitían sus fallos.

Los magistrados eran elegidos por los ciudadanos varones de Pompeya. Su trabajo consistía en hacer cumplir las leyes, que eran aprobadas por una asamblea de cien hombres. Esos hombres pertenecían a las familias más importantes de Pompeya. El mayor honor era ser designado patrón. El patrón representaba a Pompeya en Roma.

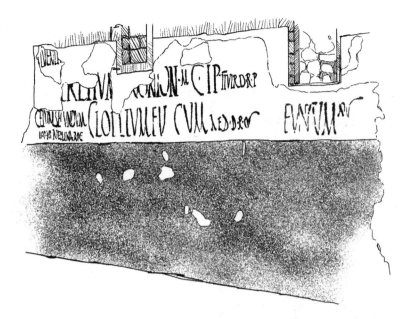

La política era importante para los pompeyanos. Había elecciones todos los años. En el momento de la erupción, había más de 2,500 carteles políticos rojos o negros por toda la ciudad. Los carteles podían encontrarse en las paredes de las casas y tiendas de las calles principales de Pompeya.

Aunque las mujeres no podían votar en las elecciones ni ocupar cargos públicos, encontraban la forma de participar en la vida política haciendo campaña a favor de sus hijos o de amigos de la familia.

Algunos de los carteles llevaban mensajes de parte de mujeres: "Iunia te pide que votes por Helvius Sabinus," y "Te ruego que votes por Helvius Sabinus, digno de una función pública. Lo pide María". El edificio más grande del Foro de Pompeya se llamaba Eumaquia, como la mujer

que lo mandó a construir. En el edificio hay dos inscripciones que la mencionan como su donante. Una gran estatua de Eumaquia se exhibía prominentemente en el interior del edificio. El verdadero propósito del edificio continúa siendo un misterio. Algunos arqueólogos creen que Eumaquia le dio semejante edificio a la ciudad en un intento de apoyar la carrera política de su hijo.

Los cementerios

Lo que no verás dentro de la muralla de Pompeya es un cementerio. Eso se debe a que la ley romana decretaba que ninguna persona, sin importar cuán rica o famosa fuera, podía ser enterrada dentro de una ciudad. En Pompeya, las tumbas de los ricos se alineaban a lo largo de los caminos que llevaban a la ciudad. Algunas tumbas tenían dos pisos.

Justo afuera de una de las puertas está la tumba de Eumaquia, la misma Eumaquia que mandó a construir el edificio más grande del Foro. La tumba que construyó para ella y su familia es una de las más grandes en Pompeya. Tiene dos pisos y un área semicircular donde sus amigos y familiares podrían sentarse cuando fueran a presentar sus respetos a los muertos. Por desgracia, Eumaquia murió en la erupción del Vesubio, por lo tanto nunca llegó a ser enterrada en su sofisticada tumba.

Capítulo 9
El teatro

A los pompeyanos les gustaba ir al teatro. Tenían dos para escoger, uno al lado del otro.

El más antiguo y pequeño se llamaba Odeón y estaba cubierto con un techo de madera. En las filas de asientos semicirculares ubicadas frente al escenario abierto había lugar para mil doscientas personas. Además de obras de teatro, los pompeyanos podían disfrutar de conciertos y conferencias en el Odeón. El teatro más grande tenía capacidad para 5,000 personas y había espacio para una orquesta delante del escenario. Durante los calurosos días de verano, un gran toldo se extendía por encima del teatro para brindar sombra a los espectadores. A veces, se rociaba agua perfumada sobre los espectadores. (Esto se anunciaba con anticipación para aumentar la concurrencia).

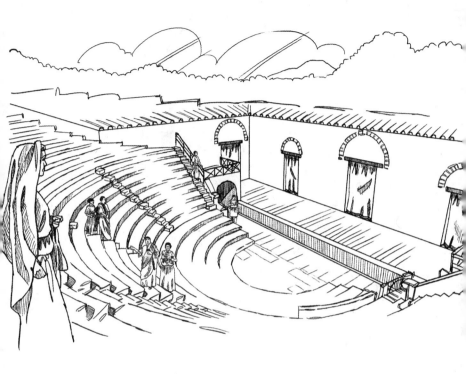

Los amantes del teatro veían una variedad de obras. Las tragedias griegas, las comedias romanas y las pantomimas eran muy populares. A los pompeyanos les encantaba ver bufonadas, donde los torpes, tontos y creídos eran ridiculizados. Si se trataba de una tragedia, los actores usaban máscaras con ceños fruncidos y expresiones tristes muy exageradas. Cuando se trataba de una comedia, el rostro de la máscara normalmente era sonriente y feliz.

Tanto en las comedias como en las tragedias, todos los actores eran varones. Las mujeres solo podían participar en las pantomimas. Los dos teatros estaban ubicados en la parte más antigua de Pompeya, donde los primeros colonizadores habían construido sus casas. A diferencia del resto de Pompeya, donde las calles estaban dispuestas en ángulos rectos y formaban una cuadrícula, las calles de la parte más antigua no tenían un orden determinado.

Capítulo 10
Un deporte sangriento

El anfiteatro ovalado de Pompeya, con asientos para 20,000 espectadores, era uno de los más grandes de todo el Imperio Romano. Las multitudes, que entraban en masa por escaleras al aire libre, no venían a ver obras o a escuchar música. Venían a ver cómo los luchadores profesionales, llamados *gladiadores*, se enfrentaban, a menudo hasta la muerte.

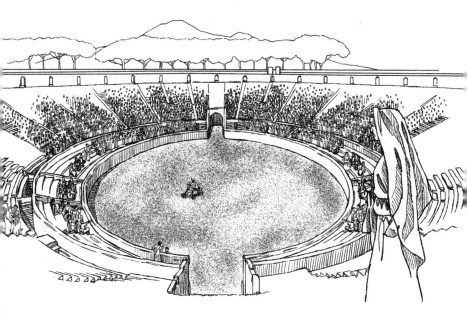

Los gladiadores normalmente eran prisioneros de guerra o criminales condenados. Algunos eran hombres pobres que deseaban obtener dinero y gloria. La mayoría de los gladiadores pertenecían a unas escuelas especiales donde se les enseñaba a luchar. Los torneos de gladiadores eran muy populares, y normalmente eran patrocinados por los hombres ricos que se presentaban como candidatos a un puesto importante en Pompeya. Desplegaban grandes carteles donde anunciaban que eran los patrocinadores de los combates. Un cartel en Pompeya decía: "Veinte parejas de gladiadores de Quintus

Monnius Rufus lucharán en Nola: mayo 1, 2 y 3. Y habrá una cacería".

Los mejores asientos eran los que estaban más cerca de la lucha. Por lo general, había que pagar para poder sentarse allí. Los asientos de las dieciocho filas superiores del anfiteatro eran gratis. A veces, algún patrocinador generoso dejaba entrar gratis a todos.

El piso del anfiteatro estaba cubierto de arena para absorber la sangre de los luchadores. Generalmente, en los actos de apertura hombres armados solamente con dagas se enfrentaban a animales salvajes, como tigres y osos. Un tigre podía

despedazar a un hombre con facilidad; un oso podía matar a un hombre simplemente con un golpe de su garra. Los actos principales presentaban a un gladiador contra otro. Algunos de los gladiadores principales eran tan populares como las estrellas de cine de hoy. Según un grafiti encontrado en una pared de Pompeya, un gladiador llamado Celadus era "el hombre por el cual suspiran las mujeres". Imagina dos hombres acorralándose mutuamente, con las armas levantadas, cada uno preparado para matar al otro. Tal vez uno se llama Rufus y el otro, Atticus. Están transpirando y sin aire, porque llevan quince minutos involucrados en un combate mortal.

En la mano izquierda, Rufus lleva una red de pescar hecha con sogas. Una hombrera protege su brazo. En su mano derecha lleva una lanza larga con tres puntas llamada *tridente*. Es el tipo de gladiador denominado *reciario*. Su oponente, Atticus, lleva una afilada espada de doble filo y un escudo rectangular largo. Un casco de metal protege su cabeza. El casco es liso para que la red de Rufus no se enganche fácilmente. Atticus es el tipo de gladiador denominado *secutor*.

Atticus, el *secutor*, tiene mucha más experiencia que Rufus. Ha luchado en catorce combates y ha vencido en todos. Rufus, el hombre de la red, ha luchado solamente en dos combates. Pero hasta ahora ha estado obligando a Atticus a retroceder.

De repente, algo inesperado sucede. Atticus se resbala en la arena del anfiteatro. Mientras Atticus está en el piso, Rufus rápidamente arroja su red, lo atrapa y no le permite utilizar su espada ni su escudo. Rufus, el reciario, da un salto hacia delante y clava las puntas afiladas de su tridente en el muslo de su oponente.

¡El público enloquece! El secutor lanza un gemido y deja caer su espada. Yace sobre su espalda mientras el reciario está parado encima de él, listo para dar el golpe final. Volteándose hacia los 20,000 espectadores, Atticus levanta el dedo índice de su mano izquierda. Este gesto significa que está pidiendo piedad. El patrocinador del torneo de ese día puede decidir si Rufus debe matarlo o no. Sin embargo, la costumbre es dejar que decidan los espectadores.

Por fortuna para Atticus, él es uno de los favoritos de la multitud. Los pompeyanos lo han visto luchar y vencer muchas veces. También saben que Rufus, el menos experimentado, tuvo suerte. Si Atticus no hubiera resbalado en la arena, bien podría ser Rufus el que estuviera en el piso malherido. En un momento, miles de manos se levantan en el aire. Prácticamente todos tienen sus pulgares hacia abajo. Es la señal que Atticus ha estado esperando. Significa que Rufus debe bajar el arma ¡y dejar vivir a Atticus! No habrá más sangre entre estos dos gladiadores… al menos por hoy.

Tipos de gladiadores

Además de los secutores y los reciarios, había otros tipos de gladiadores. Sus nombres vienen del tipo de armas que usaban.

El *mirmillón* usaba un casco con aspecto de pez y llevaba una espada con un escudo.

El *hoplomaco* llevaba una lanza y una espada corta para empujar, pero no para cortar. Este tipo de gladiador también debía tener una daga, un escudo circular que no lo protegía demasiado y un casco con visera.

Mirmillón   Hoplomaco   Samnita

El *samnita* llevaba una espada corta y un escudo pesado, y usaba un casco ornamentado con visera.

El *bestiarus* luchaba con lanzas y cuchillos contra animales salvajes. Como protección, el bestiarus no tenía más que un pequeño escudo y un casco.

El *tracio* llevaba una espada curva corta y un escudo pequeño. Los tracios llevaban cascos con ala ancha y visera. El casco, generalmente, estaba decorado con una cresta de grifo, una criatura mítica que tenía el cuerpo, la cola y las patas traseras de un león, y la cabeza y las alas de un águila.

Bestiarus   Tracio

Capítulo 11
El aseo

Debido a que prácticamente ninguna casa tenía baños, ni siquiera las de los ricos, casi todos los
pompeyanos iban a asearse a uno de los tres baños públicos de la ciudad. Los baños eran grandes

y lujosos, y solo cobraban una pequeña entrada. (El más grande estaba donde se cruzaban las dos calles principales de Pompeya; el otro estaba muy cerca del Foro).

En los baños públicos, los hombres y las mujeres tenían su sección separada con vestuarios, cuartos de baño, espacios al aire libre para hacer ejercicios y habitaciones con agua caliente, tibia y fría. Los visitantes dejaban su ropa y pertenencias en un vestuario. Los hombres podían ir primero al gimnasio a hacer ejercicios. Luego de transpirar bastante, regresaban a los vestuarios. Los asistentes quitaban la suciedad y la transpiración con una herramienta llamada *estrígil* y daban masajes a sus clientes.

Luego, llegaba el momento de darse un baño en la pileta o pasar un rato en las termas, que se mantenían a diferentes temperaturas. Había una habitación calurosa y con vapor, el *caldarium*; un cuarto cálido llamado *tepidarium*; y un pequeño cuarto circular llamado *frigidarium*, donde los hombres se sumergían en agua fría. La sección de

baños para mujeres solo tenía un caldarium y un tepidarium. Había una pequeña bañera de agua fría en el
vestuario, mientras que los hombres tenían un frigidarium independiente y lujoso.

Las termas tenían calderas que calentaban el
agua. El aire caliente de las calderas era condu-
cido por debajo de los pisos de piedra de las habitaciones cálidas y calurosas. El piso se ponía tan
caliente que los bañistas tenían que usar sandalias

con suela de madera para evitar quemarse los pies. Además de servir como espacio de aseo y salud para los pompeyanos, el baño público era un lugar donde la gente socializaba. Podían chismear, discutir sobre política o hablar sobre los últimos combates de los gladiadores.

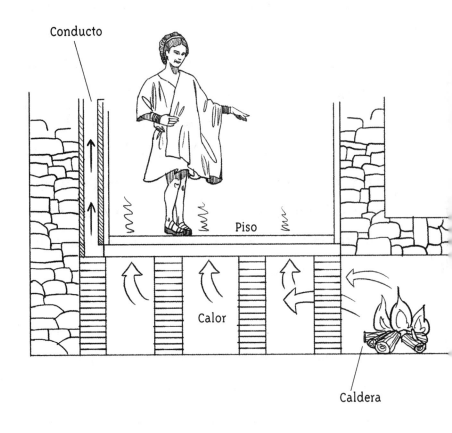

Conducto

Piso

Calor

Caldera

El acueducto

Pompeya tenía un gran suministro de agua dulce gracias a un *acueducto* de veinticinco millas de largo. (Un acueducto es un sistema que transporta grandes caudales de agua). Gracias al acueducto, los pompeyanos no tenían necesidad de buscar agua en el río Sarno o en los pozos. El agua viajaba a través de unos conductos hasta un edificio de la ciudad donde era dirigida en tres direcciones.

Una parte del agua iba a las fuentes públicas de Pompeya, otra parte iba a los baños públicos y otra, directamente a las casas de los ricos. Había tantas fuentes públicas en Pompeya que los arqueólogos dicen que nadie necesitaba caminar más de noventa yardas para conseguir un poco de agua dulce.

Capítulo 12
Herculano

Pompeya no fue la única ciudad destruida por la erupción del Vesubio en el año 79 d. C. Herculano era una pequeña ciudad turística donde los romanos más adinerados construían casas con vista a la bahía de Nápoles. Al igual que Pompeya, Herculano desapareció y fue olvidada rápidamente. Pero, a diferencia de Pompeya, Herculano no fue cubierta por cenizas y piedra pómez. La ciudad fue cubierta por algo llamado *flujo piroclástico*, una mezcla de gas y roca que avanza a una gran velocidad (¡hasta 450 millas por hora!). Esta descendió como una avalancha y, en un instante, quemó a las personas de Herculano y las redujo a brasas. Solo quedaron sus huesos.

Cuando el flujo piroclástico se enfrió, se endureció como el cemento. Esto hizo que las excavaciones

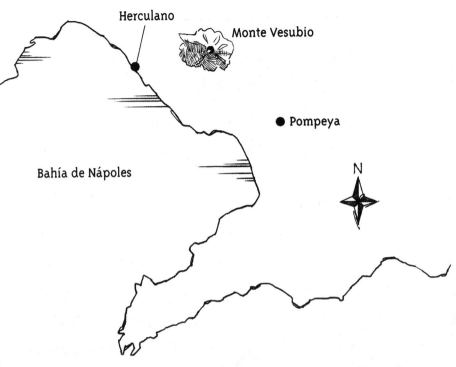

Herculano

Monte Vesubio

Pompeya

Bahía de Nápoles

N

allí fueran más difíciles que en Pompeya. La primera evidencia de la ciudad sepultada apareció en 1710, cuando un campesino que estaba cavando un pozo cerca de un pueblo llamado Resina encontró unos trozos de mármol. A partir de entonces, un terrateniente local que tenía mucho dinero contrató obreros para que cavaran túneles en el sitio en busca de mármol para decorar su nueva casa. Cuando su casa estuvo terminada, ordenó bloquear los túneles y el trabajo se detuvo. Luego, en 1738, se encontraron trozos de mármol con la escritura *Theatrum Herculanensi* ("Teatro de Herculano"). Ahora, la ciudad enterrada tenía un nombre.

Debido a que la excavación en Herculano siempre ha sido difícil, la mayor parte de la ciudad ha quedado como estaba. Aún hoy, el 75 por ciento

de Herculano permanece sepultado. Sin embargo, se han logrado importantes descubrimientos.

Se encontró una villa muy grande, una de las casas romanas más grandes que se ha encontrado. Tiene bellos jardines, numerosas fuentes y más de ochenta esculturas a lo largo de más de 250 yardas. La casa también tenía una biblioteca con

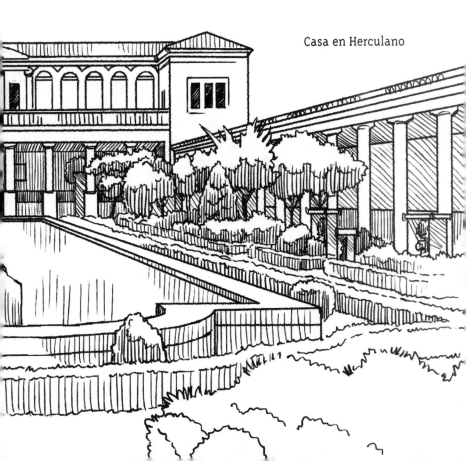

Casa en Herculano

aproximadamente 1,800 manuscritos. Pero el calor del flujo piroclástico los redujo a carbón. Mientras que más de dos millones de turistas visitan Pompeya cada año, solo unos 320,000 se detienen en Herculano. Uno de los motivos es que no hay demasiado que ver por lo difícil que ha sido la excavación. Otro de los motivos es que hay una ciudad más moderna, Ercolano, ubicada justo encima de gran parte de las ruinas.

Capítulo 13
Pompeya en la actualidad

A pesar de que Pompeya es un lugar turístico muy popular, para muchos visitantes resulta ser una experiencia decepcionante. Una gran cantidad de sectores de Pompeya están cerrados al público porque son peligrosos.

En la actualidad, la ciudad de Pompeya está en peligro. Los edificios se han estado colapsando. En noviembre de 2010, las paredes de las barracas del gladiador se redujeron a una pila de ladrillos de un día para otro. Este y tantos otros derrumbes son el resultado de años de negligencia y malas administraciones. El deficiente mantenimiento de las edificaciones de Pompeya ha dejado artefactos valiosos expuestos a la inclemencia del tiempo. Al no tener la protección adecuada, los mosaicos y frescos se desintegran, los techos se desploman y las paredes se desmoronan. Herculano había experimentado los mismos problemas. Dos tercios de las ruinas estaban cerradas a las visitas. Los derrumbes de paredes y los frescos descascarados eran algo común.

Actualmente, gracias a los esfuerzos combinados de las organizaciones de arte británicas, norteamericanas e italianas, Herculano está en perfecto estado. Nuevos sectores de las ruinas se están abriendo a los turistas, y los arqueólogos y conservadores de arte han adoptado una nueva posición

para resolver los problemas de Herculano.

Dado que la mayor parte de los daños en edificios y obras de arte eran causados por el agua y la humedad, se colocaron techos para proteger todo lo que fuera necesario. Los antiguos drenajes y alcantarillas fueron abiertos para alejar de los edificios el agua subterránea.

Una vez que se logró esto, los restauradores pudieron reconstruir frescos y mosaicos importantes, y los edificios que estaban a punto de colapsar han sido estabilizados y reabiertos al público.

Ahora el gobierno de Italia, con recursos de la UNESCO (Organización Educativa, Científica y

Cultural de las Naciones Unidas), dice que va a seguir el modelo de Herculano para restaurar Pompeya. Los funcionarios incompetentes han sido destituidos de sus cargos, el desagüe será mejorado y se contratarán y entrenarán más restauradores. Esta noticia es excelente para todo aquel que esté interesado en el arte, la arquitectura y la historia de Roma. Sencillamente, no hay otro lugar como Pompeya en ninguna parte de nuestro planeta.

Línea cronológica de Pompeya

~800 a. C.	Los griegos colonizan el territorio cercano a Pompeya.
80 a. C.	Pompeya se convierte en colonia romana.
59 d. C.	Se producen disturbios en el anfiteatro.
62 d. C.	Un terremoto originado bajo el Vesubio causa serios daños en Pompeya.
79 d. C.	El Vesubio hace erupción. Pompeya, Herculano y zonas aledañas quedan sepultadas.
1748	Comienzan las primeras excavaciones formales en Pompeya.
1763	Se descubre una placa que oficialmente identifica las ruinas como la antigua ciudad de Pompeya.
1848	Giuseppe Fiorelli termina sus excavaciones iniciales en Pompeya.
1860	Giuseppe Fiorelli se convierte en director de excavaciones en Pompeya.
1943	Pompeya es bombardeada por los Aliados durante la Segunda Guerra Mundial.
1944	El Vesubio hace erupción nuevamente.
1980	Un terremoto cerca del Vesubio causa daños en las ruinas de Pompeya.
1997	Se decreta una ley especial que establece que todo el dinero recaudado en las puertas de Pompeya debe utilizarse para conservar las ruinas.
2011	Nace una iniciativa importante para conservar las casas de Pompeya.

Línea cronológica del mundo

Roma se convierte en república. —	**509 a. C.**
Espartaco lidera una rebelión de esclavos contra Roma. —	**73 a. C.**
Julio César es nombrado dictador vitalicio y luego asesinado en los idus de marzo. —	**44 a. C.**
Se termina la construcción del Coliseo Romano. —	**80 d. C.**
Comienza la Primera Cruzada. —	**1096**
Cristóbal Colón navega hacia el Nuevo Mundo en el primero de sus cuatro viajes. —	**1492**
Miguel Ángel termina el famoso fresco que cubre la bóveda de la Capilla Sixtina. —	**1512**
El *Mayflower* llega a Plymouth Rock. —	**1620**
El 4 de julio, las Trece Colonias británicas en Norteamérica declaran su independencia de Inglaterra. —	**1776**
El volcán Krakatoa hace erupción en Indonesia. —	**1883**
La erupción más grande del siglo XX tiene lugar en Novarupta, Alaska. —	**1912**
Italia se une a los Aliados en la Primera Guerra Mundial. —	**1915**
Debuta la historieta Supermán en el *Daily News*. —	**1939**
Las Potencias del Eje (Alemania, Italia y Japón) son derrotadas, dando fin a la Segunda Guerra Mundial. —	**1945**
El monte Santa Helena hace erupción en Washington. —	**1980**
El volcán Eyjafjallajökull hace erupción en Islandia. —	**2010**

Colección ¿Qué fue...? / ¿Qué es...?

El Álamo	La isla Ellis
La batalla de Gettysburg	La Marcha de Washington
El Día D	El Motín del Té
La Estatua de la Libertad	Pearl Harbor
La expedición de Lewis y Clark	Pompeya
La Fiebre del Oro	El Primer Día de Acción de Gracias
La Gran Depresión	El Tren Clandestino

Colección ¿Quién fue...? / ¿Quién es...?

Albert Einstein	La Madre Teresa
Alexander Graham Bell	Malala Yousafzai
Amelia Earhart	María Antonieta
Ana Frank	Marie Curie
Benjamín Franklin	Mark Twain
Betsy Ross	Nelson Mandela
Fernando de Magallanes	Paul Revere
Franklin Roosevelt	El rey Tut
Harriet Beecher Stowe	Robert E. Lee
Harriet Tubman	Roberto Clemente
Harry Houdini	Rosa Parks
Los hermanos Wright	Tomás Jefferson
Louis Armstrong	Woodrow Wilson

Molde de yeso de una de las víctimas

Fotografía de Pompeya y el monte Vesubio en el siglo XIX

Fotografía del patio de una casa de Pompeya en el siglo XIX

Camino de piedras en una calle de Pompeya

Casco de bronce de un gladiador hallado en Pompeya

Mosaico en la entrada de una casa, con la imagen de un perro guardián y la frase *Cave Canem* o "Cuidado con el perro"

Excavadores
arqueológicos con
moldes de víctimas

Moldes de yeso
de víctimas de
Pompeya

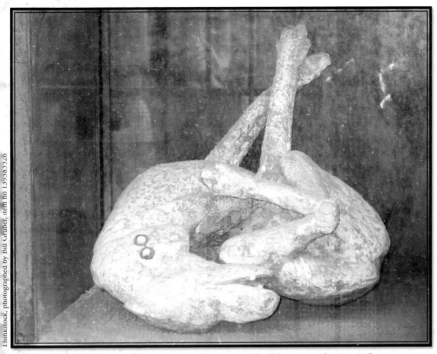

Molde de yeso de un perro intentando liberarse de su cadena

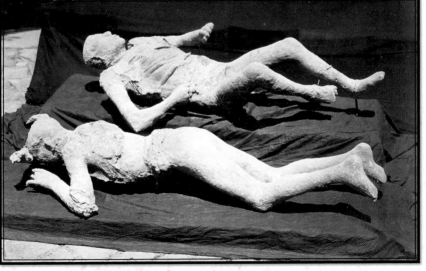

Moldes de yeso de unas víctimas

Bosquejo de la vista a través de la Puerta de Herculano en Pompeya, hecho en el siglo XVIII

©Araldo de Luca/CORBIS

Estatua de Eumaquia, una de las mujeres
más importantes de Pompeya

Un mural de Pompeya
que muestra a la diosa de la juventud

Broche con camafeo
de lava del siglo XIX

Parte de un mural en una casa de Pompeya

Santuario doméstico del dios Júpiter

Mosaico de Pompeya

Posada de Pompeya con huecos en el mostrador para sostener vasijas
con vino o comida

Cubículo (o dormitorio) con frescos en las paredes en una casa cerca de Pompeya

Fuente de una casa de Pompeya

Anfiteatro de Pompeya

Grupo de turistas en el templo de Isis a fines del siglo XIX

Fotografía actual del monte Vesubio y las ruinas de Pompeya